UNE EXCURSION

sur le

NOUVEAU CHEMIN DE FER D'ALAIS A BRIOUDE

UNE EXCURSION

sur le nouveau chemin de fer

D'ALAIS A BRIOUDE

Lecture faite à l'Académie du Gard le 19 Juin 1869

PAR

ARISTE VIGUIÉ

Président de l'Académie du Gard et du Consistoire de Nimes

NIMES

TYPOGRAPHIE CLAVEL-BALLIVET ET COMP°,
rue Pradier, 12.

1869

UNE EXCURSION

SUR LE NOUVEAU CHEMIN DE FER

D'ALAIS A BRIOUDE

L'Académie a toujours accueilli avec intérêt les communications que plusieurs de mes confrères, au retour et à propos de leurs voyages en des contrées diverses, étaient heureux de lui adresser; et aujourd'hui même je ne sais pas jusqu'à quel point notre Compagnie n'est pas en droit de s'attendre à une relation du même genre; car notre secrétaire perpétuel revient de la terre des grands souvenirs, du pays sans pareil, pour parler avec le poète, et nul, mieux que notre confrère, n'est qualifié pour

recueillir et pour dignement exprimer les pensées austères
et délicates que réveille et qu'inspire le sol magique de
l'Italie.

Assurément, et il ne faut pas se faire d'illusions à cet
endroit, la sympathie que l'Académie a manifestée pour
des études et pour des récits de voyage tient en bonne
partie au talent des narrateurs et à la nature des contrées
qu'ils ont visitées. D'ordinaire, nos confrères voyageurs
sont des artistes, et savent revêtir de couleurs attrayantes
leurs idées et leurs souvenirs. Les pays dont ils nous dé-
crivent les sites et les monuments et dont, à cette occasion, ils nous disent le dramatique et glorieux passé,
sont les pays classiques de l'art, de la littérature et de
l'histoire, et exercent sur nos imaginations un irrésistible
et légitime prestige. La contrée dont je viens vous parler
n'est pas une contrée lointaine, c'est la nôtre. Mais quoi !
ne devons-nous donc admirer que ce qui est éloigné de
nous par le temps ou par la distance ? Et si, à nos portes,
il y a des beautés de la nature et des magnificences de
l'art, créées par la puissance et le génie de notre temps,
faudra-t-il donc les dédaigner ? Je sais et je comprends le
charme fascinateur qu'exercent sur nos esprits ce lointain
mystérieux,. cette ombre vaporeuse où baignent les
grandes choses du passé ; mais il ne faut pas que nos
âmes soient tout entières absorbées par la poésie des souvenirs ou captivées par l'inconnu et le mystère des pays
lointains. Il faut au contraire, en une certaine mesure, ré-
sister à cette tendance qui finirait, en étant exclusive, par
devenir maladive et malsaine ; nous serions des ignorants

et des ingrats si nous méconnaissions les bienfaits merveilleux de notre temps et les beautés de la nature qui nous environne et qui nous touche : permettez-moi donc de ne pas vous demander indulgence si je vous parle de notre département, de ses ressources ignorées et de l'œuvre nouvelle appelée à en augmenter la grandeur.

L'étude que vous allez entendre ne sera pas non plus essentiellement artistique et descriptive. Je crains bien qu'elle ne soit un peu didactique et technique ; mais je ne dois pas, me semble-t-il encore, vous présenter d'excuses à cet égard, car tout ce qui peut servir au bien-être matériel et au progrès social et moral de nos contrées vous tient à cœur : nous ne faisons pas ici simplement de la curiosité désintéressée ou du dilettantisme frivole, nous tenons à honneur d'être des hommes pratiques et de faire descendre, dirai-je, ou monter nos idées de la théorie jusqu'à l'application. Aussi bien nous sommes tous, dans cette enceinte, les amis du sage et grand poète qui a donné le célèbre conseil de l'*utile dulci*, et vous trouverez sûrement ici à sa place une étude qui pourra ne pas briller par les agréments, mais qui renfermera quelques utiles indications.

M. Dombre, ingénieur en chef de la Compagnie Paris-Lyon-Méditerranée, à qui revient l'honneur de la création du nouveau chemin d'Alais à Brioude, avait eu l'heureuse idée d'organiser une excursion sur la voie nouvellement ouverte. A cette intéressante visite, il avait naturellement convié ses savants collègues, MM. les ingénieurs du Gard, M. l'ingénieur en chef de l'Hérault, et

quelques amis profanes parmi lesquels j'eus la bonne fortune d'être compris. Nous partîmes donc le 10 juin ; au
nombre de seize , enchantés du temps radieux qui nous
souriait et de la perspective des belles choses que nous
allions admirer. Il fait bon d'être sous les ordres de
M. Dombre : nous nous sommes laissé conduire par lui
sans résistance ; tout y est vraiment profit et plaisir ; un
bon génie semblait présider à notre promenade , tant
toutes choses y étaient admirablement prévues et combi-
nées pour la satisfaction de l'esprit, l'enchantement des
yeux et les facilités de la vie ; on ne saurait imaginer un
créateur plus modeste, un cicerone plus condescendant et
un hôte recevant ses amis avec autant de généreuse lar-
geur et de bonne grâce.

Le chemin de fer de Brioude à Alais commence , à pro-
prement parler, à la Levade ; c'est là qu'il faut aller le
trouver après avoir parcouru la ligne de Nimes à Alais et
la ligne d'Alais à la Grand'Combe.

Nous n'avons fait que traverser les magnifiques établissements industriels de Tamaris , de la Pise et de la
Levade, si connus d'ailleurs , et qui, à travers des fortunes
diverses , constituent une source de richesses où le monde
entier vient puiser. C'est à partir de la Levade que commence la nouvelle voie ferrée. Avant de vous y engager ,
quelques renseignements généraux doivent ici trouver
leur place naturelle.

La longueur totale du chemin depuis la Levade jusqu'à

Brioude est de 169 kilomètres ; la ligne a été ouverte aux deux extrémités, 31 kilomètres sont exploités de la Levade à Villefort et 32 de Brioude à Langeac ; les travaux sont fort avancés sur toute la ligne ; les 106 kilomètres qui restent seront livrés au public au mois de mars prochain!

Le chemin fut concédé en 1862 à la Compagnie de Paris-Lyon-Méditerranée. Un tel travail est naturellement une charge pour la Compagnie, et les bénéfices qu'elle en pourra retirer ne sont pas en proportion des sacrifices que l'Etat lui impose par le décret de concession ; mais on sait que ces obligations onéreuses sont subies par les compagnies en retour d'autres priviléges, et en particulier du droit exclusif d'exploiter telle ligne qui rapporte des bénéfices considérables. Aussi bien, au moment où la concession d'Alais à Brioude fut imposée, la Compagnie l'accepta presque avec empressement, à propos de certaines circonstances relatives à la Compagnie, aujourd'hui disparue, du Grand-Central, et dans lesquelles il est inutile de pénétrer. Les travaux ne commencèrent d'une manière effective qu'en 1864 : c'est donc six ans qu'il a fallu (on peut considérer le chemin comme terminé) pour mener à fin cette grande entreprise.

Les difficultés d'une pareille construction étaient fort grandes, elles ont été heureusement et habilement vaincues. C'est bien la route la plus accidentée que l'on puisse se figurer ; elle n'est guère qu'une longue succession de viaducs et de tunnels ; il y a telle partie où l'on voyage moins à ciel ouvert que dans des souterrains. Aussi le prix de revient de ce chemin est élevé : chaque kilomètre

a coûté en moyenne six cent mille francs et la ligne en-
tière se solde par cent millions. De pareils chiffres disent
assez haut la grandeur de l'entreprise et la puissance de la
Compagnie.

On peut considérer le nouveau chemin à des points de
vue divers. Le point de vue stratégique paraît avoir beaucoup frappé le gouvernement. La grande ligne de Lyon à
Marseille est en effet assez rapprochée de la frontière ; une
armée ennemie débouchant de l'Est tomberait aussitôt
sur cette voie principale et couperait ainsi toute communication directe entre Paris et Marseille ; au contraire , la
nouvelle voie est stratégiquement protégée par la distance,
par le Rhône et par la montagne.

Le point de vue artistique ne préoccupe pas , je sup-
pose, au premier chef ; les actionnaires des grandes compagnies ; mais je m'assure que les savants créateurs de
ces lignes impossibles en sont fort touchés, et ce doit être
une joyeuse satisfaction quand l'exécution de leur œuvre
répond à leur conception. La nature et la science s'unissent
ici pour faire de cette voie un ravissement continuel des
yeux. Voici d'abord la Lozère qui apparaît comme une
immense forteresse de granit ; voici la vallée ombreuse et
riante, parcourue par des cours d'eau d'une limpidité admi-
rable ; voici le torrent encaissé et colère , se ruant contre
les roches décharnées ; à chaque tournant , à chaque sortie
de tunnel, c'est une surprise nouvelle, c'est le paysage
à vol d'oiseau , c'est un site qui enchante , qu'on grave
dans son esprit et à propos duquel on dit : J'y reviendrai.

Ces beautés naturelles, ces montagnes imposantes, ces frais cours d'eau, ces vallons aux arbres séculaires et si délicieusement arrosés, toutes ces magnificences étaient à nos portes et nous les ignorions : le chemin de fer nous les ouvre, il nous ouvre ainsi, j'ose le dire, une source nouvelle d'émotions artistiques. Les grands paysages que nous allons admirer au loin et à grands frais, et qui ont leur valeur réelle et classique, ne doivent pas nous laisser oublier ceux qui sont à quelques heures de notre demeure, et où bientôt, sans doute, nos familles aimeront à aller respirer l'air pur des hautes cimes et à jouir de spectacles moins coûteux, mais non moins ravissants. Mais si la nature se montre là fort belle, l'art et la science sollicitent aussi notre sens esthétique. Des travaux merveilleux, dont j'examinerai bientôt en détail quelques uns et auprès desquels pâlissent les œuvres antiques, tant et si justement vantées, des travaux merveilleux nous étonnent et nous charment par leur grandeur et par leur grâce. Autrement mieux que dans les légendes enfantines dont on berça et dont on troubla nos jeunes imaginations, le géant moderne se joue de la distance, enjambe audacieusement les vallées, pose un pied sur une cime et à travers les airs jette l'autre sur la cime opposée ; en vain mugit, dans les profondeurs, le torrent comme en courroux d'être ainsi dédaigné : le géant passe. Les monts se dressent comme une barrière, il les escalade ou les transperce ; en vain sur sa tête gronde l'orage des sommets inaccessibles et comme irrités de se voir ainsi vaincus ; le géant passe, et il ressort dans la plaine sans effort et à l'aise, comme si ce miracle de puissance était un jeu pour lui. En vérité, c'est bien encore la lutte, mais c'est presque le triomphe de l'esprit sur la matière.

Toutefois, c'est le côté économique et social qui importe tout particulièrement dans l'établissement de toute nouvelle voie ferrée. C'est sous cet aspect que la ligne que nous avons parcourue mérite d'être considérée.

Le point capital est celui-ci : le chemin établit une communication directe entre le centre de la France et le littoral méditerranéen, et facilite ainsi les échanges entre deux contrées dont les richesses sont diverses, mais importantes. La ligne d'Alais à Brioude est aussi le chemin le plus court entre Paris et la Méditerranée : il abrége la distance de Nimes à Paris de 66 kilomètres; mais pour les voyageurs qui tiennent essentiellement à aller vite, il ne pourra guère abréger le temps, à cause des rampes et des courbes qui ne permettent pas la rapidité de l'express. C'est donc une seconde ligne entre le Midi et Paris, destinée à rendre des services comme tout moyen nouveau de communication entre des points importants; c'est le prolongement sur le Midi de la ligne existant déjà entre Paris et Saint-Germain-des-Fossés; mais, avant tout et plus directement, c'est la relation établie entre les bords de la Méditerranée et le centre riche de la France, l'Auvergne, la Limagne et le Bourbonnais ; voilà le sens et le but de ces grands travaux. Les échanges entre les productions des provinces centrales et des productions du Midi, surtout les vins du Languedoc ; seront grandement facilités. Tout moyen de communication rapide est un moyen de vie industrielle et de progrès social ; le nouveau chemin ouvre d'ailleurs une ère nouvelle pour les pays qu'il traverse et qui, jusqu'à ce jour, étaient bien deshérités. Si directement il ne dessert pas des villes de grande importance, indirectement il facilite sur son parcours l'accès de points qui ont leur intérêt à des titres divers. Directement, le chemin de fer dessert Chamborigaud, Génolhac, Villefort, Langogne, Monestrol d'Altier, Langeac, Paulhaget et Brioude. Indirectement, par un embranchement de 3 kilomètres et demi, à Chamborigaud, il dessert les mines de Cessoux et de Portes ; par Génolhac, l'usine de plomb argentifère de Vialas, à 6 kilomètres ; par Villefort, Mende, à six heures de distance, et Bagnols-les-Bains, à cinq heures ; par la Bastide, Saint-Laurent-les-Bains, à une heure ; entre la Bastide et Langogne, les très belles et importantes forêts de Bauzon et de Mazan. Il serait donc injuste de dire que sur son parcours la nouvelle voie ne rend pas de réels services ; toutefois le service capital, le sens et le but économique de la ligne est, je le répète, la relation directe entre le littoral de la Méditerranée et le centre de la France, et subsidiairement Paris et le Nord.

Après ces renseignements généraux sur l'ensemble de l'œuvre, quelques travaux particulièrement remarquables et que nous avons contemplés de plus près, nous donneront une idée plus juste de la grandeur de l'entreprise si vaillamment menée à bien. Parlons d'abord des viaducs, auxquels notre première journée fut surtout consacrée. Je ne puis les signaler tous ; je cite les deux principaux,

et qui resteront comme de remarquables monuments :
le viaduc du Luech et le viaduc de l'Altier.

Le viaduc du Luech brille surtout par la grâce et
l'élégance ; il est dans une vallée charmante et au milieu
d'un paysage d'un aspect riant ; il sera très connu et très
admiré, car il se découvre en entier et se déploie com-
plaisamment et non sans une certaine coquetterie aux
yeux étonnés et ravis du voyageur, à la portière de son
waggon. En quittant la gare de Chamborigaud, le chemin s'infléchit à droite et aussitôt le viaduc apparaît dans
sa gracieuse majesté. C'est une courbe très accusée, de
240 mètres de rayon, qui suit sensiblement le fond d'une
vallée. Qu'on se représente une ellipse : au lieu de la cou-
per en ligne droite par le milieu, par le diamètre, le
viaduc suit le bord, la circonférence ; de sorte que lors-
qu'on s'engage sur un côté de l'ellipse, on aperçoit le
fond, et juste en face l'autre côté ; quand on est au fond
de l'ellipse, on aperçoit les deux côtés, et en s'avançant
toujours sur le côté opposé à Chamborigaud, on aperçoit
comme au départ tout le déploiement du viaduc : c'est un
fer à cheval dont on suit les bords et qui permet par
conséquent d'être contemplé de tous les points dans son
ensemble. Le viaduc est fort long, car il compte 41 arches,
et il est relativement élevé, 46 mètres, à peu près la hauteur
du pont du Gard. L'effet en est ravissant, quand on le traverse en chemin de fer ; il se marie admirablement avec la
nature charmante qui lui sert de cadre : on se demande,
tant il est bien à sa place, si c'est lui qui a été construit
pour orner cette vallée et ces montagnes, ou si c'est le paysage qui a été créé pour lui servir de fond et d'arrière-plan.

Tout autre est le viaduc de l'Altier , au delà de Villefort, et qui sera bientôt livré à la circulation. Celui-ci est
un colosse ; nous l'avons contemplé dans tous les sens , à
la tête, aux pieds, de profil, de face : c'est écrasant, mais
c'est beau. En sortant de Villefort, le chemin s'engage
dans un tunnel de 600 mètres environ que nous traver-
sâmes, et il débouche sur le viaduc qui surplombe la petite
rivière de l'Altier. Le site est rude , sauvage ; de tous
côtés, des montagnes à pic, de hauteur énorme , une surtout , d'aspect terrible : c'est sur ce fond granitique
qu'il faut voir se profiler le monument. Il est presque en
ligne droite ; la courbe est peu sensible , 400 mètres de
rayon. Il se compose de 11 arches de 16 mètres d'ouverture, et ces arches s'élèvent à la hauteur prodigieuse de
73 mètres : c'est à donner le vertige. Ces arches sont
d'une seule venue et la base supporte le poids entier. Le
monument est coupé à une hauteur de 20 mètres par une
ligne de travaux qui raccorde les arches , mais ce cordon
n'ajoute rien à la solidité de l'ensemble et n'est là que pour
reposer l'œil et rendre, à l'occasion, certains services pour
la construction. Qu'on veuille bien se représenter cette
élévation vertigineuse, 73 mètres, et dans ce but qu'on
prenne certains points familiers de comparaison. Le pont
du Gard dans sa plus grande hauteur a 48 mètres : qu'on
se figure le pont du Gard sans sa triple superposition ,
avec les arches baignant dans la rivière, s'élevant d'une
seule venue et atteignant presque le double de la hauteur où arrivent les trois étages de courbes. Le clocher
de Sainte -Perpétue a 62^m 37 de haut, y compris la croix,
11 mètres de moins que le viaduc de l'Altier : qu'on se

représente, à 16 mètres de distance l'un de l'autre, une dizaine de clochers de Sainte-Perpétue, commençant, à la croix supérieure, à s'infléchir pour faire la courbe et se raccordant enfin l'un à l'autre pour former une voie aérienne ; sur ce chemin fantastique , qu'on imagine la masse énorme d'un train lancé à toute vapeur , on aura une idée et encore affaiblie du viaduc d'Altier : nous n'avons pas chez nous de chemins de fer passant à de telles hauteurs. Malgré cette élévation, le monument ne manque pas de grâce : les courbes sont d'abord très belles, et puis la base de la pile est ample et forte ; insensiblement elle devient plus svelte, jusqu'à l'origine de l'inflexion. L'ensemble doit être vu des deux côtés, et le spectateur doit se placer à une certaine hauteur : contemplé d'en bas, le monument serait trop écrasant. Il est achevé sauf une petite partie, la plus élevée, du côté opposé à Villefort, et nous eûmes la bonne fortune de voir, sans que cela dépare l'aspect général, la manière dont les travaux étaient dirigés et pratiqués. Ce n'est pas la partie la moins intéressante.

Le viaduc est construit tout entier avec ce qu'on appelle, en termes du métier, de petits moellons d'appareil ; les arêtes ni les lignes en général ne sont bâties avec de la pierre de taille ; les mêmes matériaux entrent dans la composition de l'édifice, et cela pour la régularité du tassement ; si la pierre de taille aux angles et le moellon dans l'ensemble eussent été de concert utilisés, la pierre étant plus résistante que le moellon, il y aurait eu, dans ce que l'architecte appelle le travail de l'édifice, après sa construction , des affaissements inégaux qui, sur une masse pareille, n'auraient pas été sans inconvénients.

Il est très curieux de voir bâtir à de telles hauteurs. Le travail se fait au moyen de grues élévatoires très intéressantes à observer et dont l'aspect, à peu près celui du mât d'un navire, est fort agréable à l'œil ; ce genre de grues a été employé avec succès aux grandes constructions de Marseille et a été établi avec beaucoup d'intelligence au viaduc de l'Altier par MM. les entrepreneurs Marigues et Ramond. Ces appareils ont 37 mètres d'élévation ; pour travailler au faîte du viaduc, il faut donc les installer à une hauteur de 37 mètres environ, sur un grand pont de service qui supporte la grue, les ouvriers et la machine à vapeur. Ces grues sont articulées et ont trois mouvements : le mouvement élévatoire, qui transporte de bas en haut les matériaux nécessaires à la construction ; le mouvement d'inflexion, par lequel la grue se courbe au sommet pour déposer son fardeau, et enfin le mouvement de translation, par lequel la grue se transporte d'une pile à l'autre pour servir, suivant les besoins, les différents petits chantiers. Tous ces mouvements sont indépendants l'un de l'autre et sont exécutés au moyen d'une machine à vapeur non fixe et qui se promène avec la grue sur les petits rails du pont de service.

Le travail marche rapidement avec de tels engins. Il a fallu deux ans pour construire le viaduc de Luech et deux ans et demi pour construire celui de l'Altier. Le viaduc du Luech a coûté 450,000 francs et celui de l'Altier 850,000 francs. En présence de ces chiffres, qui représentent les sommes et le temps dépensés ; en présence de ces chantiers, où travaillent avec entrain des ouvriers intelligents et libres, en présence de ces machines admirables que l'on dirait douées de vie et du plus sûr instinct , la pensée se reporte naturellement vers ces constructions des monuments antiques, constructions longues et laborieuses, où furent dépensés et engloutis tant de trésors , de temps et de vies humaines. Les bras ne manquaient pas : c'étaient ceux des esclaves et des légions ; les trésors ne manquaient pas : c'étaient les dépouilles des pays conquis. Ces comparaisons et ces contrastes, que j'indique sans y insister, sont bien faits pour remplir nos âmes de reconnaissance et pour nous faire aimer , malgré ses misères, notre temps de progrès et de liberté.

Nous quittons l'Altier, nous montons dans des voitures qui sont là tout à souhait pour nous prendre, et nous gravissons les hauteurs par une route des plus pittoresques qui serpente au flanc de la montagne, surplombant le torrent. L'ascension est longue et pénible : au bout de deux heures de marche environ, nous sommes à un sommet , nous contemplons le paysage grandiose et sauvage qui est sous nos yeux et que nous dominons. Tout à coup , au fond, bien au fond d'une gorge , petit , humble , chétif, nous apercevons un travail humain dont la ligne blanchâtre tranche sur la couleur sombre du paysage : c'est lui, c'est notre géant, c'est le viaduc de l'Altier ! Il est donc bien vrai que dans ce monde tout est relatif, et que la grandeur des choses dépend du point de vue où on les considère !

Nous marchons toujours, la nuit approche. Où allons-nous ainsi ? Avant d'examiner de nouveau les travaux du chemin de fer, nous allons à la Trappe, au couvent de Notre-Dame-des-Neiges, où nous sommes attendus pour passer la nuit. A neuf heures, après cinq heures de marche, nous pénétrions sous les grands arbres qui environnent et cachent la Trappe ; des religieux, suivis de leurs beaux chiens de montagne, viennent à notre rencontre ; nous sommes reçus avec empressement par les bons pères et introduits dans une vaste salle où nous attend une splendide hospitalité.

Je me faisais une fête de cette visite à la Trappe : cet épisode de notre excursion avait pour moi un attrait particulier. Mon attente n'a pas été déçue, en ce sens que si je n'ai pas trouvé dans cette abbaye tout ce que mon imagination se plaisait à rêver, j'y ai trouvé autre chose et peut-être mieux. Toute manifestation sincère du sentiment religieux, alors même qu'elle me paraît erronée, m'est sympathique ; aussi, et avec les naturelles réserves qu'il est pour moi inutile de faire, l'impression que j'ai reçue dans cette paisible retraite est, en somme, excellente.

Ce n'est pas ici le moment de faire une dissertation historique sur la Trappe. On sait, pour rappeler quelques dates et quelques noms principaux, que la Trappe est une abbaye de l'ordre de Citeaux, fondée dans le Perche, en 1140, par Rotrou, comte du Perche ; que la discipline, très austère dans le principe, se relâcha d'une façon déplorable, et qu'au xviie siècle, elle fut rétablie dans toute sa rigueur par le célèbre abbé de Rancé, dont M. de Chateaubriand a écrit la dramatique histoire, et qui doit être regardé comme le réformateur ou mieux comme le second fondateur de la Trappe. A la Révolution française, l'ordre, qui n'avait pas grandement prospéré, fut dispersé et se réfugia surtout en Suisse. Depuis 1817, les Trappistes se sont établis de nouveau en France. Un nom (pour le dire entre parenthèses) me semble par trop mis dans l'ombre et souffre de l'éclatant voisinage de l'abbé de Rancé : c'est le nom d'Alexis de Lestrange, né en 1791, mort en 1827, qui a déployé une activité extraordinaire pour l'extension de l'ordre, non seulement en France, mais dans toutes les parties du monde : celui qui écrira la biographie de cet infatigable trappiste écrira l'histoire du rétablissement de l'ordre tout entier.

Depuis 1852, les établissements trappistes ont pris en France quelque extension : la Meilleraye et Aiguebelle sont toujours les centres principaux. Le couvent dans lequel nous nous trouvons est tout récent ; il date de 1852. Deux frères missionnaires léguèrent aux trappistes une ferme sur les confins de l'Ardèche et de la Lozère ; l'ordre accepta ce legs et établit à cet endroit une abbaye nouvelle sous le vocable de Notre-Dame-des-Neiges. Depuis 1861, la petite ferme a été abandonnée, un beau couvent a été bâti, simple, largement distribué, vaste, répondant à tous les besoins, et des constructions nouvelles, un hospice et une aile pour les femmes, sont en train de s'élever. Le domaine s'est fort agrandi et amélioré, et la population du couvent s'élève à 70 religieux, dont 20 pères.

Le nom de la Trappe réveille à l'esprit les plus sombres, les plus tragiques images : c'est la dure expiation, la vie sans cesse martyrisée, la mort constamment évoquée, le tombeau creusé chaque jour, l'âme séparée à jamais du commerce des vivants, le silence éternel interrompu seulement par le terrible « *memento mori ;* » là souffrent, prient et attendent les cœurs dévastés, jetés en ces lieux par la tempête sociale, les esprits qui ont rompu avec la famille, avec la patrie, avec le siècle. Ceux qui ont en haine ce monde qui les a perdus, les austères, les farouches irréconciliables de la société. — Il faut revenir de cette impression. Ce qui frappe chez ces religieux au contraire, c'est qu'ils sont très ouverts et très sympathiques à l'esprit moderne. Nul n'a salué avec plus de joie l'établissement du nouveau chemin de fer ; ils en attendent l'ouverture avec impatience, ils en apprécient d'avance tous les bienfaits, ils en ont facilité, autant qu'ils l'ont pu, la construction ; ils ont, par un des pères les plus intéressants, et dont j'emporte le plus doux souvenir, par un ancien chirurgien-major de l'armée, ils ont rendu des services à la Compagnie en soignant avec dévouement les malades ; le nom de l'ingénieur en chef est connu, estimé et aimé de chacun d'eux. Ils ne sont nullement étrangers à nos mouvements politiques, ils réclament le titre de citoyens et leur droit de suffrage, ils se plaisent à dire que leur constitution est essentiellement démocratique et que les pouvoirs de leur supérieur émanent du vote de la communauté. Ils sont fort accessibles à tous les progrès industriels et agricoles ; leur domaine est admirablement tenu, et les améliorations les plus récentes sont tentées avec intelligence, non sans succès ; et, puissent-ils avoir bien des imitateurs ! ils ont entrepris le reboisement de leurs montagnes ; les pâturages, l'élève des bestiaux, la conduite des cours d'eau sont l'objet de leurs soins. Sur ces hauteurs, le propriétaire est obligé de récolter et de semer presque en même temps , en octobre ; les trappistes viennent d'essayer de semer au printemps, et cet essai leur donne des espérances. Ils sont au fait des meilleurs engrais, des produits les plus recommandables , des méthodes nouvelles exposées dans les journaux d'agriculture. On est frappé en entrant dans leurs fermes de la quantité de médailles obtenues par eux dans les concours, et elles sont placées là comme des titres d'honneur qu'ils sont fiers de montrer. Ai-je besoin de parler de leur excellente liqueur , la *Trappistine de Notre-Dame-des-Neiges*, grandement appréciée et qui fait déjà bonne figure dans le monde ? Ils forment ainsi une intelligente et excellente association industrielle et agricole, ouverte à tous les progrès et en contact avec notre civilisation.

Il ne faut pas non plus se représenter les Trappistes de Notre-Dame-des-Neiges comme des esprits agités de noires visions, courbés sous le remords et exténués de pénitences expiatoires. Non, ce n'est pas la note qui domine ; celle qui domine, c'est la paix , la sérénité : ces visages expriment l'humilité , la tranquillité heureuse.

— Si vous saviez comme nous sommes ici paisibles, comme nous nous aimons entre frères, comme il y a de la douceur dans cette retraite et dans ce calme de tous les instants !

Ainsi me parlait un des plus intelligents religieux ; à quoi je répondais :

— Vous n'avez pas besoin de me le dire, je le vois,

J'essayais alors d'ouvrir d'autres horizons : le devoir
de la lutte avec la vie , la famille avec ses joies et ses
douleurs , la liberté avec ses grandeurs et ses périls , la
passion de la grande curiosité, la faim et la soif incessantes
de la justice et de la vérité.... Mais nous ne nous com-
prenions plus alors , nous parlions des langues différentes.

La vie est sévère à la Trappe; la nourriture y est
essentiellement frugale ; dès deux heures du matin, on
est sur pied ; au milieu du jour, il y a un peu plus d'une
heure pour le sommeil ; la vie se passe entre les exercices
de dévotion et le travail des champs. Puisque la règle
s'est quelque peu modifiée , comment n'accorde-t-on pas
plus de temps à la méditation personnelle, à l'étude austère, à la prière individuelle ? Il serait si bon de se recueillir sur ces hauteurs et de méditer dans cette biblio-
thèque, dont on nous a gracieusement ouvert les portes.
Mais de tels conseils sont évidemment superflus pour ceux
qui, dans ces exercices plus extérieurs , plus réguliers et
plus calmes, ont trouvé la satisfaction de leurs besoins.

L'esprit de sérénité qui nous a frappés à Notre-Dame-
des-Neiges n'est peut-être pas l'esprit général de toutes
les maisons de cet ordre : chaque maison a son esprit. Les
établissements de la Trappe sont indépendants l'un de
l'autre , et les religieux avec qui nous nous entretenions
insistaient sur ce point. Cette disposition heureuse de tranquillité souriante est due peut-être en grande partie au
supérieur de Notre-Dame-des-Neiges. Très jeune encore ,
ouvert , sympathique, intelligent , d'allure franche , dis-
tinguée et loyale, ce religieux dirige l'abbaye depuis qua-
torze ans et a certainement imprimé à son couvent les

heureuses qualités de sa nature. Il nous fit les honneurs de sa maison avec une dignité et une grâce parfaites, et sa parole, aussi bien que l'œuvre qu'il a accomplie, révèlent des dons rares et des aptitudes peu communes. Il semble avoir fait passer dans l'âme et dans la figure de ses religieux cette douceur sereine et cette aménité qui doivent être le fond de son caractère. Nous ne saurions assez dire combien nous demeurons touchés et reconnaissants de l'accueil empressé, cordial et vraiment fraternel qui nous fut fait à l'abbaye. En quittant Notre-Dame-des-Neiges, nous serrâmes de bien bon cœur la main que ces excellents religieux nous tendirent, et si jamais ces lignes venaient à tomber sous leurs yeux, qu'elles leur apportent l'expression de notre respect et de notre chrétienne sympathie.

Notre-Dame-des-Neiges est tout près de la Bastide, une des stations du chemin de fer, et non loin des grands travaux que nous avions à visiter encore ; je veux parler des tunnels en construction, et particulièrement du tunnel d'Albespeyres. Ce n'est pas le plus long, mais c'est le plus difficile. Le plus long est celui qu'on traverse entre Sainte-Cécile-d'Andorge et Chamborigaud, le tunnel de la Bégude, où se trouvent trois puits. Le tunnel d'Albespeyres, encore en construction aujourd'hui, a 1,500 mètres de long et est creusé dans le granit très dur. Il a quatre puits dont le plus profond a 150 mètres. Tout le travail se fait à la mine dans l'intérieur ; l'ouvrage avance péniblement, 25 centimètres par attaque et par jour. Chaque mois, le percement se prolonge de 8 mètres par attaque ; comme dans le tunnel d'Albespeyres il y a quatre puits , soit dix attaques, en comptant les attaques à l'entrée et à la sortie du tunnel; 80 mètres de granit sont percés dans le mois.

On ouvre des puits quand un souterrain a plus de 500 mètres de long, et on les multiplie suivant les difficultés du percement. Le puits permet, en effet, d'attaquer le travail sur plusieurs points à la fois. Nous visitâmes les puits d'Albespeyres et les opérations sont analogues à celles qui se pratiquent pour l'extraction du charbon. Une machine fixe , autour de laquelle s'enroulent de longs câbles , fait descendre et monter dans l'intérieur du puits un grand récipient en bois et en fer, où les mineurs déposent les matériaux granitiques qu'ils viennent d'extraire ; arrivés à l'orifice du puits, ces matériaux sont transportés sur des rails à une certaine distance et jetés au dehors sur les flancs de la montagne. Ces travaux sont particulièrement chers : le tunnel de la Begude a coûté 1,800,000 francs ; celui d'Albespeyres coûtera 2,000,000. Les ouvriers mineurs travaillent huit heures de suite, à peu près sans intervalle de repos ; trois escouades de mineurs remplissent donc les vingt-quatre heures. Les mineurs travaillent par conséquent huit heures , dorment huit heures et ont encore autant d'heures pour leurs affaires et leurs plaisirs; ils gagnent 5 francs. Les autres ouvriers , au lieu de travailler huit heures sur vingt-quatre , travaillent douze heures sur vingt-quatre ; ils sont rétribués de manières différentes, mais il n'y a pas de paye inférieure à 3 fr. 50.

Il est très intéressant et très curieux de voir comment se recrutent les ouvriers , comment ils se nourrissent et ils vivent. C'est tout un monde que cette population flottante : il y a sur la ligne 12,000 travailleurs, sans compter tous ceux qui ont la charge de pourvoir à la subsistance ou aux amusements de cette agglomération d'hommes.

La Compagnie divise les travaux qu'elle a à construire en certains lots et les livre à des entrepreneurs. Il y a sur la ligne de 15 à 18 grands entrepreneurs ; les lots dont ils se chargent varient de 1,500,000 francs à 4,000,000. Ces grands entrepreneurs doivent avoir leur matériel à eux ; ils ont construit le chemin de Brioude avec intelligence et loyauté. La Compagnie se montre d'ailleurs généreuse et ne craint pas de venir en aide aux entrepreneurs, s'il y a des circonstances majeures, imprévues, qui les mettent dans l'embarras. Les grands entrepreneurs d'ordinaire livrent leur travail à des sous-traitants qu'on appelle des tâcherons, ceux qui ont une spécialité, une tâche déterminée. Ces tâcherons sont plus directement en contact avec les ouvriers ; ils les recrutent, ils sont leurs conducteurs naturels. Les ouvriers suivent d'ordinaire d'un pays à l'autre le tâcheron ; ils savent d'ailleurs où le travail se trouve, car ils en sont avertis par les journaux. Les ouvriers du chemin d'Alais à Brioude viennent surtout de la Haute-Loire, de la Loire et de l'Ardèche ; les maçons viennent ici comme sur les autres chemins, surtout de la Creuse. Il y a peu d'étrangers. Quelques Piémontais, il y a quelques années, bons travailleurs d'ailleurs, se trouvaient sur les chantiers, et les ouvriers français leur firent un mauvais parti, rixe qui fit quelque bruit et qui nécessita l'intervention de l'autorité. Quand un grand chantier s'ouvre, qui nécessite la présence d'un grand nombre d'ouvriers, 500, 800, 1,000, comme un tunnel, un viaduc, alors il s'improvise un village, comme ceux que nous avons vus à Albespeyres et à Prévenchères. Ces constructions, éphémères et destinées à disparaître aussitôt après l'achèvement des travaux, sont l'œuvre des cantiniers qui logent et nourrissent les ouvriers. Généralement les ouvriers sont logés cher et mal, et c'est ici beaucoup l'exploitation de l'homme par l'homme. Toutefois il y a bon nombre de travailleurs qui font des économies notables, s'ils sont sages et rangés ; après chaque campagne, ils retournent au pays, achètent un champ, arrondissent leur petite fortune, puis ils reviennent aux chantiers, retournent encore au sein de leur famille et recommencent jusqu'à ce qu'ils aient acquis la possibilité de vivre chez eux dans une aisance relative. D'autres, au contraire, sont l'imprévoyance même ; ils se plaisent dans cette vie errante, pénible et dissipée : ce sont les bohèmes du travail. Les chantiers d'Alais à Brioude n'ont été attristés par aucune de ces douloureuses catastrophes qui se sont produites ailleurs. Tout a marché régulièrement, sans mécomptes, sauf quelques petits inconvénients et des accidents malheureux, inévitables dans de pareilles complications et avec un tel nombre d'ouvriers.

Que d'intelligence, de science, d'argent, d'habileté, d'efforts et de peine ont donc été dépensés pour établir convenablement ces deux simples rails, sur lesquels le voyageur glisse rapidement ! Quand nous sommes commodément assis dans le waggon qui nous emporte à travers ces sombres tunnels et sur ces voies aériennes, que ne pensons-nous un peu plus à ce déploiement d'énergies de toutes sortes, qui nous a valu le résultat dont nous jouissons ? Nous comprendrions mieux alors combien nous sommes nécessaires les uns aux autres, et nous admirerions, en la bénissant, la grande loi de la solidarité humaine !

A toutes ces difficultés vaincues que je viens de signaler, il faut en ajouter une dernière, surtout sur le versant de la Méditerranée ; c'est la position ascendante du chemin, la rampe. La hauteur de la Leyade, tête réelle de la ligne, est de 203 mètres au dessus du niveau de la mer : au point culminant, à la limite du bassin de la Méditerranée et de l'Océan, au souterrain de la Bastide, le chemin est placé à 1,028 mètres au dessus du niveau de la mer. Dans un parcours de 50 kilomètres environ, il doit gravir une hauteur totale de 825 mètres, et la rampe est, en moyenne, de 25 millimètres par mètre. Cette rampe est forte, mais ne doit point inspirer de crainte pour la sécurité : il y a des chemins dont la rampe est ou sera plus forte sans danger ; ainsi sur le chemin de Murat à Aurillac, et de Montpellier à Rodez, elle est de 30 millimètres par mètre. Pour gravir ces hauteurs, le chemin suit naturellement les cours d'eau qui en descendent, et change facilement de vallée en perçant la montagne par un tunnel. Voici la marche ascendante du chemin sur le versant de la Méditerranée : le chemin suit d'abord le Gardon ou l'Andorge, son affluent, jusqu'à la Bégude ; de la Bégude jusqu'au Collet de Villefort, la ligue est dans le bassin de la Cèze et traverse le Luech et l'Honiol, ses affluents ; enfin entre le Collet de Villefort et la Bastide, point culminant du chemin, la ligne est dans la vallée de l'Ardèche, ou pour mieux dire de ses affluents, l'Altier, le Chasezaq et la Borne. A partir de la Bastide, la ligne suit sans difficultés la paisible rivière de l'Allier.

C'est un point bien intéressant que la Bastide. Du haut de la montagne qui domine le gracieux hameau, le regard s'étend, d'un côté, sur le versant de la Méditerranée ; de l'autre, sur le versant de l'Océan : les eaux qui coulent à vos pieds suivent des pentes opposées, et on les voit s'engager dans des directions contraires, les unes vers le Midi, les autres vers le Nord. C'est la ligne de séparation de ces deux bassins immenses, la limite qui s'élève entre deux contrées. Et quelles différences et quels contrastes entre ces deux natures ! Ne dirait-on pas déjà l'opposition du Nord et du Midi ? Du côté de la Méditerranée, la nature est violente, déchirée, les gorges se creusent, les pics immenses se dressent en arêtes menaçantes, le torrent bondit, se précipite, se hâte : il est pressé, il faut qu'il descende avec une rapidité véhémente de ces hauteurs, pour atteindre, dans quelques heures, le fleuve et la mer où il doit se reposer. Du côté du Nord, au contraire, tout est austère et digne ; la nature s'y montre paisible et sans grands accidents ; la jolie rivière de l'Allier coule de la façon la plus calme ; l'Océan est bien loin, elle a le temps, elle n'est point pressée ; sage et mesurée, elle franchira, sans fracas, les longs espaces qui la séparent des grands fleuves et du vaste Océan où ses eaux vont dormir. Et cette nature extérieure, par ses oppositions et par ses contrastes, n'est-elle pas encore ici, comme partout, du reste, le symbole de l'esprit et la révélation de la nature morale ? D'un côté, la nature persévérante, patiente, calme et grave du Nord ; de l'autre, la nature méridionale avec ses vivacités et ses intuitions, ses élans et ses défaillances, ses grandeurs et ses emportements.

Je serais très heureux si, dans ces notes rapides, j'avais pu donner quelque idée de l'importance et de la beauté des travaux dont je viens de vous entretenir. J'ai parlé longuement de l'œuvre, et je m'aperçois que je n'ai rien dit de l'ouvrier, du savant ingénieur qui conçut et traça les plans et qui en assura l'exécution. Si M. Dombre n'était pas mon ami, je serais autrement à l'aise pour louer cette science solide, cette expérience consommée, ces conceptions hardies, ce grand sens esthétique et pratique à la fois, cette nature supérieure et modeste, qui sait inspirer à ses subordonnés et à ses chefs respect et affection. Mais à quoi bon, et que dirais-je qui ne soit connu et répété de tous ? M. Dombre n'en est pas à fournir ses preuves : les magnifiques travaux qu'il a déjà exécutés le placent dès longtemps, aux yeux de la Compagnie et du monde savant, dans une position vraiment exceptionnelle. Je n'ai donc qu'à me taire : il est de ceux qu'on ne loue plus.

Nimes. — Typ. Clavel-Ballivet et Cie.

LIGNE DE BRIOUDE A ALAIS.
VIADUC SUR LE LUECH
(A CHAMBORIGAUD.)
DES. TARDIEU & BOUDON
LITH. BOUVETIER FRÈRE. NIMES